Extrait du BULLETIN OFFICIEL

MINISTÈRE DE LA MARINE ET DES COLONIES

RÈGLEMENT

SUR

L'AMEUBLEMENT DES BUREAUX

ET POSTES DIVERS

DES ÉTABLISSEMENTS DE LA MARINE

(DU 31 AOUT 1878)

1 franc

PARIS

LIBRAIRIE SCIENTIFIQUE, INDUSTRIELLE ET AGRICOLE

Eugène LACROIX, imprimeur-éditeur

Du Bulletin officiel de la marine, et de plusieurs Sociétés savantes

54, rue des Saints-Pères, 54

N° 3223 de la nomenclature des documents.

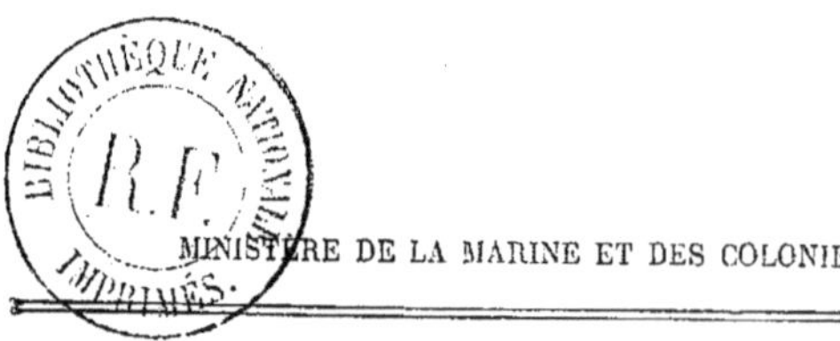

MINISTÈRE DE LA MARINE ET DES COLONIES.

LE VICE-AMIRAL SÉNATEUR, MINISTRE DE LA MARINE ET DES COLONIES, *à Messieurs les Vice-Amiraux, Commandant en chef, Préfets maritimes; Chefs du service de la Marine dans les ports secondaires; Directeurs des établissements de la Marine hors des ports.*

(2e Direction : Matériel, — 1er bureau, 2e section : *Travaux hydrauliques et bâtiments civils.*)

Paris, le 31 août 1878.

Envoi du Règlement du 31 *août* 1878, *sur l'ameublement des bureaux et postes divers des établissements de la Marine.*

MESSIEURS, le règlement du 31 août 1847, sur l'ameublement des bureaux des divers établissements de la marine, présente des lacunes qui donnent lieu, dans la pratique, à certaines difficultés et occasionnent, en outre, des complications d'écritures provenant de ce qu'un assez grand nombre d'articles ne peuvent actuellement être délivrés que sur demandes particulières et en vertu d'autorisations spéciales.

J'ai, en conséquence, fait préparer un nouveau règlement que vous trouverez inséré au *Bulletin officiel*, à la suite de la présente circulaire et dont un certain nombre d'exemplaires tirés à part vous sera adressé très-prochainement.

Vous verrez que les changements apportés au règlement de 1847 sont assez importants.

Aux cinq catégories de fonctionnaires et d'employés établies par ce règlement, on en a ajouté une *sixième* comprenant les postes de gardiennage, corps de garde d'établissements, et postes divers.

Jusqu'ici les postes dont il s'agit étaient, suivant les localités, meublés par analogie, tantôt avec les dispositions du règlement du 31 août 1847, tantôt avec celles du règlement du 21 novembre 1854 sur le casernement des troupes ; cette anomalie n'existera plus désormais.

D'un autre côté, on a fait passer de la seconde dans la première catégorie, les Directeurs des établissements hors des ports, leur situation actuelle étant assez importante pour motiver ce changement.

Enfin, dans la troisième catégorie, on a ajouté aux mots

officiers inférieurs, ceux : *et assimilés*. Dans cette catégorie rentreront les maîtres principaux conformément à la décision du 12 avril 1869 insérée au *Bulletin officiel*, nº 99, p. 338.

En ce qui concerne la nomenclature générale, elle a été établie d'une manière aussi complète que possible; elle est suivie d'une nomenclature spéciale des menus objets et matières consommables à délivrer, suivant les besoins, pour l'entretien et la propreté des bureaux et salles compris dans les cinq premières catégories : au nombre de ces objets figurent les allumettes du type amorphe qui remplaceront définitivement l'ancien briquet à feu.

Il est bien entendu d'ailleurs que les nombres indiqués pour chacun des objets de même nature sont des maximum qu'on ne devra atteindre qu'autant que les dimensions des locaux et les besoins du service l'exigeront.

J'ajoute, et j'insiste tout particulièrement sur ce point, qu'en ce qui touche à la décoration des bureaux (*peintures, papiers de tentures, cheminées, etc.*), on ne devra rien modifier à ce qui existe aujourd'hui. Ce n'est qu'en cas de constructions neuves ou de réparations jugées indispensables dans les locaux anciens, qu'on appliquera les dispositions particulières du nouveau règlement.

Recevez, etc.

Le Vice-Amiral, Sénateur,
Ministre de la Marine et des Colonies,
Signé : A. POTHUAU.

RÈGLEMENT sur l'ameublement des bureaux et postes divers des établissements de la marine.

(Du 31 août 1878.)

(2e Direction : Matériel, — 1er bureau, 2e section : *Travaux hydrauliques et bâtiments civils.*)

ARTICLE PREMIER.

Il sera pourvu à l'ameublement et aux installations des bureaux et des postes des divers établissements de la marine, tant dans les ports militaires et secondaires que dans les usines et fonderies, conformément aux nomenclatures ci-après établies pour les diverses catégories de fonctionnaires, employés et agents ; savoir :

1re *Catégorie.* — Bureaux des officiers généraux, des chefs de service et des membres du Conseil d'administration dans les ports militaires, des chefs du service de la marine dans les sous-arrondissements et des directeurs des établissements de la marine hors des ports.

2e *Catégorie.* — Bureaux des officiers supérieurs des divers services.

3e *Catégorie.* — Bureaux des officiers inférieurs et assimilés des divers services.

4e *Catégorie.* — Bureaux des commis, employés et maîtres entretenus des divers services.

5e *Catégorie.* — Salles de Conseil, de conférences et d'adjudication.

6e *Catégorie.* — Postes de gardiennage, corps de garde d'établissements, postes divers.

Art. 2.

Les remplacements ne se feront que sur procès-verbaux de condamnation et conformément aux règles établies par l'instruction sur la comptabilité des matières.

Art. 3.

Les Préfets maritimes, les chefs du service de la marine dans les sous-arrondissements, les directeurs des établissements de la marine hors des ports, comprendront tous les ans, dans l'état de prévision des dépenses à faire pour l'année suivante, sur le chapitre : « Travaux hydrauliques et bâtiments civils, » la somme jugée nécessaire pour faire ces remplacements et pourvoir aux entretiens et réparations.

Art. 4.

Les meubles actuellement en service, quoique non réglementaires, seront maintenus et ne seront remplacés, conformément au présent règlement, qu'au fur et à mesure qu'ils seront condamnés ou qu'ils disparaîtront pour une cause quelconque.

NOMENCLATURE.

DES MEUBLES AFFECTÉS A CHAQUE CATÉGORIE.

Première catégorie.

BUREAUX DES OFFICIERS GÉNÉRAUX, DES CHEFS DE SERVICE ET DES MEMBRES DU CONSEIL D'ADMINISTRATION DANS LES PORTS MILITAIRES, DES CHEFS DU SERVICE DE LA MARINE DANS LES SOUS-ARRONDISSEMENTS ET DES DIRECTEURS DES ÉTABLISSEMENTS DE LA MARINE HORS DES PORTS.

Tenture en papier fin.

Peinture fine à l'huile.

Carreaux, plancher ou parquet ciré.

Une cheminée en marbre.

Une pendule de cabinet du prix de 150 fr. au plus.

Un bureau en acajou avec ou sans casiers.

Un pupitre en acajou.

Un cartonnier en acajou fermant à clef et surmonté d'un pupitre pour écrire debout.

Une table de décharge en acajou.

Un écran en acajou garni en soie.

Un tapis de bureau en drap fin, vert ou bleu.

Un tapis de pied en moquette de 2 mètres sur 3 mètres au plus.

Un fauteuil de bureau en acajou, recouvert en maroquin.

Un coussin de siège en maroquin.

Quatre fauteuils en acajou, recouverts en velours ou en étoffe de crin.

Six chaises en acajou, garnies comme les fauteuils.

Rideaux en damas de laine ou en mousseline brochée, avec bâtons ou tringles, anneaux, embrasses, patères, cordons de tirage avec glands en acajou, et autres accessoires assortis.

Petits rideaux en mousseline brochée, avec deux tringles en cuivre par fenêtre.

Une glace avec cadre doré, du prix de 160 fr. au plus.

Deux flambeaux en cuivre ou en bronze, de 30 fr. la paire au plus, avec bobèches en cristal.

Cordons de sonnettes assortis au meuble avec glands.

Table de toilette ou lavabo en acajou, garni de tous ses ustensiles.

Une paire de chenêts garnis en cuivre ou en bronze ;

Une barre de cheminée ;

ou { Une grille à brûler le charbon de terre ;
Un tisonnier à vase de cuivre ;
Un seau en tôle pour le charbon ;
Une pelle à main pour le charbon. }

Un garde-cendres en cuivre.

Une pelle et une pincette fines.

Un soufflet en acajou et un petit balai monté en acajou.

Un pare-étincelles en treillis de cuivre.

Un devant de cheminée en papier fin.

Un paravent garni de papier fin si les localités le demandent.

Quatre essuie-mains.

Deux paillassons fins.

Un panier à papier.

Un porte-manteau.

Une brosse à habits.

Une brosse à chaussures.

Un crachoir en cuivre.

Dans le cas où le service exigerait qu'il fût placé des tables, pupitres, placards, étagères, bibliothèques ou autres meubles d'attache, ils seront en noyer verni, couleur d'acajou.

Si ces bureaux ont une antichambre, il y sera placé six chaises en mérisier foncées en paille fines, un porte-manteau, et des rideaux en percale blanche.

Deuxième catégorie.

BUREAUX DES OFFICIERS SUPÉRIEURS DES DIVERS SERVICES.

Tenture en papier fin ou peinture à l'huile.

Carreaux ou plancher ciré.

Cheminée en marbre.

Un bureau en noyer verni, avec ou sans casiers.

Un pupitre en noyer verni.

Un cartonnier en noyer verni, fermant à clef, avec pupitre pour écrire debout.

Une table de décharge en noyer verni.

Un écran en noyer verni, garni en étoffe de laine.

Un tapis de bureau en drap vert ou bleu.

Un tapis de pied de $1^m,20$ sur 2 mètres au plus.

Un fauteuil de bureau en noyer verni, garni en maroquin.

Un coussin de siège en maroquin.

Deux fauteuils en noyer verni, garnis en velours ou en étoffe de crin.

Six chaises en noyer verni, foncées en paille fine.

Rideaux en cretonne, avec tringles, anneaux, embrasses, patères, cordons de tirage avec glands en noyer verni, et autres accessoires assortis.

Petits rideaux en mousseline brochée, avec deux tringles en cuivre par fenêtre.

Une glace du prix de 100 fr. au plus.

Deux flambeaux en cuivre ou en bronze, du prix de 20 fr. la paire au plus, avec bobêches en cristal.

Cordon de sonnette assorti au meuble avec gland.

Une table en noyer verni, avec pot-à-eau, cuvette et assiette en porcelaine, une carafe et un verre en cristal.

Une paire de chenêts en fonte, avec boule de cuivre ;
Une barre de cheminée.

ou {
Une grille à brûler le charbon de terre ;
Un tisonnier à vase de cuivre ;
Un seau en tôle pour le charbon ;
Une pelle à main pour le charbon.
}

Un garde-cendres en cuivre.

Une pelle, une pincette, un petit balai et un soufflet fins.

Un pare-étincelles en treillis de cuivre.

Un devant de cheminée en papier.

Un paravent, si les localités le demandent.

Quatre essuie-mains.

Deux paillassons.

Un panier à papier.

Un porte-manteau.

Une brosse à habits.

Une brosse à chaussures.

Un crachoir en tôle vernie.

Dans le cas où le service exigerait qu'il fut placé des tables, pupitres, placards, bibliothèques ou autres meubles d'attache, ils seraient en noyer ou en merisier verni.

Si ces bureaux ont des antichambres, il y sera placé six chaises en merisier, foncées en paille, un porte-manteau, et des rideaux en coton blanc.

Troisième catégorie.

BUREAUX DES OFFICIERS INFÉRIEURS ET ASSIMILÉS DES DIVERS SERVICES.

Tenture en papier demi-fin ou peinture à l'huile.

Carreaux cirés ou plancher.

Cheminée en marbre ordinaire.

Un bureau en chêne ou en merisier, avec ou sans casiers.

Un pupitre en même bois.

Un fauteuil de bureau en chêne ou en merisier, foncé en paille fine.

Un coussin de siège garni en maroquin.

Quatre chaises en merisier, foncées en paille fine.

Rideaux en cretonne ordinaire, avec tringle, anneaux, embrasses, patères, cordons de tirage et autres accessoires assortis.

Petits rideaux en mousseline brochée avec deux tringles en cuivre par fenêtre.

Cordon de sonnette avec gland en chêne ou en merisier.

Une petite table en bois blanc, servant de lavabo, garnie d'un pot-à-eau et d'une cuvette en porcelaine, d'une carafe et d'un verre en demi-cristal.

Une paire de chenets en fonte ;

Une barre de cheminée.

ou {
Une grille à brûler le charbon de terre ;
Un tisonnier à vase de fer ;
Un seau en tôle pour le charbon ;
Une pelle à main pour le charbon.
}

Une pelle, une pincette, un soufflet et un petit balai.

Un pare-étincelles en treillis de fer.

Un devant de cheminée en papier.

Un paravent, s'il est nécessité par la localité.

Quatre essuie-mains.

Un paillasson.

Un panier à papier.

Un porte-manteau.

Une brosse à habits.

Une brosse à chaussures.

Un crachoir en fonte.

Les tables, pupitres, étagères ou autres meubles d'attache qui seraient nécessaires au service ou exigés par la localité, seront en bois blanc peint à l'huile.

Quatrième catégorie.

BUREAUX DES COMMIS, EMPLOYÉS ET MAÎTRES ENTRETENUS DES DIVERS SERVICES.

Muraille peinte à l'huile, ou tendue en papier ordinaire.

Une cheminée ou poêle.

Une table en bois peint en noir, avec tiroirs, avec ou sans casiers.

Pupitres en bois peint en noir, fermant à clef (*un par personne*).

Chaises foncées en paille, en nombre suffisant.

Rideaux en coton croisé, avec tringle en fer, anneaux et patères en cuivre.

Petits rideaux en mousseline brochée, s'il y a lieu avec deux tringles en cuivre par fenêtre.

Cordon de sonnette.

Petite table avec cuvette et pot-à-eau en porcelaine opaque : carafe en verre et un verre par personne.

{ Chenêts en fonte.
{ Barre de cheminée.

ou { Grille à brûler le charbon de terre ;
{ Tisonnier à vase de fer ;
{ Seau en tôle pour le charbon ;
{ Pelle à main pour le charbon.

Une pelle et une pincette, un soufflet et un petit balai.

Un pare-étincelles en treillis de fer.

Un paravent, s'il est nécessité par la localité.

Quatre essuie-mains.

Un paillasson par personne.

Un panier à papier.

Un porte-manteau avec le nombre suffisant de têtes.

Une brosse à habits.

Une brosse à chaussures.

Crachoirs en fonte.

Les tables, pupitres, étagères, ou autres meubles d'attache

qui seraient nécessaires au service ou exigés par la localité, seront en bois blanc peint à l'huile.

Les agents subalternes ayant à tenir des écritures et qui ne se trouvent pas compris parmi ceux auxquels est attribuée la catégorie ci-dessus, recevront, au fur et à mesure des besoins de leur service et selon les exigences de la localité, les objets qui leur seront reconnus nécessaires. Ces objets seront du modèle de ceux désignés dans la nomenclature de la 4e catégorie.

Cinquième catégorie.

SALLES DE CONSEIL, DE CONFÉRENCES ET D'ADJUDICATIONS.

Ces salles seront pourvues du mobilier suivant :

Cheminée en marbre.

Une pendule de cabinet du prix de 50 fr. au plus.

Une table ovale.

Un tapis en drap bleu ou vert.

Une table de décharge en acajou.

Un fauteuil de bureau en acajou, garni en cuir.

Chaises en acajou, garnies en velours ou en étoffe de crin.

Rideaux en cretonne avec tringles, anneaux, embrasses, patères, cordons de tirage avec glands en acajou, et autres accessoires assortis.

Petits rideaux en mousseline brochée, avec deux tringles en cuivre par fenêtre.

Un cordon de sonnette assorti au meuble, avec gland.

{ Chenêts en fonte avec boules en cuivre ;
{ Barre de cheminée.

ou { Une grille à brûler le charbon de terre ;
{ Un tisonnier à vase de cuivre ;
{ Un seau en tôle pour le charbon ;
{ Une pelle à main pour le charbon.

Un garde-cendres en cuivre.

Un pare-étincelles en treillis de cuivre.

Un tapis de pied, suivant les dimensions de la table.

Une brosse à habits.

Crachoirs en tôle vernie.

NOMENCLATURE SPÉCIALE

DES MENUS OBJETS ET MATIÈRES CONSOMMABLES A DÉLIVRER, SUIVANT LES NÉCESSITÉS DU SERVICE, POUR L'ENTRETIEN ET LA PROPRETÉ DES BUREAUX OU SALLES COMPRIS DANS LES CINQ PREMIÈRES CATÉGORIES.

Étouffoirs en tôle ou caisses en zinc pour l'extinction des feux.
Arrosoirs d'appartement.
Bidons ou brocs en bois ou en fer-blanc pour l'eau.
Ramasse-bourriers.
Échelles ou marchepieds pour les archives.
Scies, coins, masses et haches en fer, masses en bois, chevalets à scier le bois, pour les services où ce sont les gardiens de bureaux qui scient et fendent le bois.
Plumasseaux.
Brosses en chiendent.
Brosses à laver.
Brosses à cirer.
Brosses dites tête de loup.
Balais d'appartement en crin.
Balais en jonc, bouleau, bruyère ou autres bois flexibles.
Éponges communes.
Fauberts.
Drap vieux ou vieilles couvertures de laine.
Linge vieux.
Cire jaune.
Poudres à nettoyer.
Potasse.
Eau de cuivre.
Allumettes amorphes, à raison de 100 par feu et par trimestre.

Sixième catégorie.

PREMIÈRE SECTION. — POSTES DE GARDIENNAGE.

1° *Postes communs au gardien-chef et au gardien-major.*

Un poêle avec ses tuyaux ou une cheminée.

Chenêts en fonte; Barre de cheminée; Une pelle, une pincette, un soufflet.	Dans le cas de chauffage au bois.
Une grille à brûler le charbon; Un tisonnier à vase de fer; Une pelle à main pour le charbon.	Dans le cas de chauffage au charbon.

Un pare-étincelles en fer-blanc, s'il y a une cheminée.

Un coffre en bois pour le combustible s'il n'y en a pas d'attache.

Deux tables à écrire en bois blanc peint en noir, pour bureau, avec casiers et pupitres en bois peint, fermant à clef

Une armoire en bois peint, à défaut d'armoire d'attache.

Deux fauteuils en merisier, foncés en paille.

Deux chaises en mérisier, foncées en paille.

Rideaux en calicot pour porte vitrée, s'il y a lieu.

Petits rideaux en calicot, pour croisées, avec deux tringles en cuivre par fenêtre.

Une petite table en bois blanc avec cuvette et pot-à-eau en faïence, une carafe et un verre pour chaque gardien.

Un chandelier en fer-blanc.

Une balance à fléau ou à bascule avec la série de poids nécessaires.

Un mètre en bois.

Un pavillon national n° 10 ou 11, avec sa drisse.

Un sac en toile pour pavillon.

Un réveil-matin pour le sonneur de la cloche d'appel de l'arsenal.

Quatre essuie-mains.

Deux seaux ordinaires en bois, à anse de fer.

Un bidon en fer-blanc ou une cruche en grès.

Un étouffoir en tôle ou une caisse en zinc, pour l'extinction des feux.

Une hache et des coins à fendre le bois, s'il y a lieu.

Un tableau pour afficher les consignes.

Une brosse à habits.

Un balai en jonc pour appartement.

Un crachoir en fonte.

2° *Poste de portier consigne.*

Un poêle avec ses tuyaux ou une cheminée.

Chenêts en fonte ; Barre de cheminée ; Une pelle, une pincette et un soufflet ordinaires.	Dans le cas de chauffage au bois.

Une grille à brûler le charbon; Un tisonnier à vase de fer; Une pelle à main pour le charbon.	Dans le cas de chauffage au charbon.

Un pare-étincelles en fer-blanc, s'il y a une cheminée.

Un coffre en bois pour le combustible, s'il n'y en a pas d'attache.

Un lit en fer (1).

Deux matelas en laine et crin, recouverts en toiles, à une place; Deux couvertures en laine gris-beige; Un traversin en laine et crin.	Pour les postes de nuit.

Une table en bois blanc.

Une armoire en bois blanc, à défaut de meubles d'attache.

Deux chaises en merisier, foncées en paille.

Bancs, s'il y a lieu.

Petits rideaux en coton blanc, avec deux tringles en cuivre par fenêtre.

Une cuvette et un pot-à-eau en faïence, une carafe et un verre.

Un chandelier en fer-blanc.

Une balance à fléau ou à bascule avec la série de poids nécessaires.

Un mètre en bois.

Une sonde en fer.

Une boite en bois pour timbre composteur.

Un porte-voix en fer-blanc.

Un pavillon national n° 10 ou 11 avec sa drisse; Un sac en toile pour pavillon.	s'il y a lieu.

Deux fanaux.

Deux essuie-mains.

Un seau ordinaire en bois, à anse de fer.

Un bidon en fer-blanc ou une cruche en terre.

Un étouffoir en tôle ou une caisse en zinc pour l'extinction des feux.

Une hache et des coins à fendre le bois s'il y a lieu.

Une brosse à habits.

---

(1) Si le local ne permet pas de placer un lit, on délivrera un hamac cadre garni.

Un balai en bois flexible.

Un crachoir en fonte.

Ces objets seront distribués aux postes, suivant les besoins du service.

3° *Postes des gardiens de bureaux.*

Un poêle avec ses tuyaux ou une cheminée.

Chenêts en fonte; Barres de cheminée; Une pelle, une pincette et un soufflet ordinaires.	Dans le cas de chauffage au bois.
Une grille à brûler le charbon; Un tisonnier à vase de fer; Une pelle à main pour le charbon.	Dans le cas de chauffage au charbon.

Un pare étincelles en fer-blanc, s'il y a une cheminée.

Un coffre en bois pour le combustible, s'il n'y en a pas d'attache.

Une table en bois blanc avec ou sans casiers.

Une chaise par gardien.

Rideaux en cotonnade, si les localités l'exigent.

Un chandelier en fer.

Deux essuie-mains.

Un verre à boire par gardien.

2e SECTION. — CORPS DE GARDE D'ÉTABLISSEMENTS.

1° *Corps de garde d'officier.*

Un poêle avec ses tuyaux, une cheminée.

Chenêts en fonte; Barre de cheminée; Une pelle, une pincette, un soufflet et un petit balai.	Dans le cas de chauffage au bois.
Une grille à brûler le charbon; Un tisonnier à vase de terre; Une pelle à main pour le charbon.	Dans le cas de chauffage au charbon.

Un coffre en bois pour le combustible, s'il n'y en a pas d'attache.

Un lit en fer ;
Deux matelas en laine et crin ;
Deux couvertures en laine ;
Un traversin en laine et crin ;
} ou un fauteuil à bascule garni en cuir.

Une table en bois peint.

Une chaise foncée en paille.

Un encrier en plomb.

Petits rideaux pour porte vitrée, s'il y a lieu.

Petits rideaux en mousseline brochée, avec deux tringles en cuivre par fenêtre.

Une petite table en bois blanc avec cuvette, pot-à-eau en porcelaine, une carafe et un verre en demi-cristal.

Un paravent en papier, s'il est nécessité par la localité.

Un chandelier en cuivre.

Une boîte en fer-blanc pour cartouches.

Tableaux de consignes en nombre suffisant.

Un paillasson.

Un porte-manteau.

Un crachoir en fonte.

2° *Corps de garde de soldats.*

Un poêle avec ses tuyaux ou une cheminée.

Chenêts en fonte ;
Barre de cheminée ;
Pelle, pincette et soufflet ordinaires ;
Un brancard ;
Une scie ;
Une hache ;
Un chevalet à scier le bois.
} Dans le cas de chauffage au bois.

Une grille à brûler le charbon ;
Un tisonnier à vase de fer ;
Une pelle à main pour le charbon ;
Une brouette ;
Une caisse en bois pour le combustible.
} Dans le cas de chauffage au charbon.

Une petite table en bois blanc ;
Une chaise foncée en paille.
} pour le sous-officier.

Une table de caserne.

Deux bancs de caserne.

Un encrier en plomb.

Un chandelier en fer étamé.
Un bidon.
Un arrosoir en fer-blanc.
Un balai de bouleau ou autre bois flexible (*un par quinzaine.*)
Un faubert (*un pour deux mois,*)
Deux fanaux de ronde, à glaces, en fer-blanc.
Une boîte à marrons.
Marrons de ronde.
Capotes pour fonctionnaires (*une par guérite.*)
Tableaux en bois pour consignes.

3° *Poste de gendarmerie.*

a. — **Pour officier.**

L'ameublement de la 1re subdivision de la 2e section (*corps de garde d'officier*), plus :
Un secrétaire en bois peint.
Une armoire en bois peint.

b. — **Pour gendarmes.**

L'ameublement de la 2e subdivision de la 2e section (*corps de garde de soldats*), plus :
Un secrétaire en bois peint.
Une armoire en bois peint.
Lits en fer;
Matelas;
Couvertures;
Traversins;
Chaises.
} suivant les besoins de la localité.
Registres de consignes, en cas de besoin.

3e SECTION. — POSTES DIVERS.

Pour les postes de pompiers, vétérans, gardiens de batterie, etc., on délivrera, suivant les besoins, les objets mentionnés dans la 2e subdivision de la 2e section (*corps de garde de soldats*), plus des objets de couchage, s'il y a lieu.

N. B. — Ces divers postes recevront, pour l'allumage des feux, des allumettes au phosphore amorphe, à raison de 100 par feu et par trimestre.

Paris, le 31 août 1878.

Le Vice-Amiral, Sénateur,
Ministre de la Marine et des Colonies,
Signé : A. POTHUAU.

Inséré au *Bulletin officiel* 1878. — Paris Imp. E. Lacroix

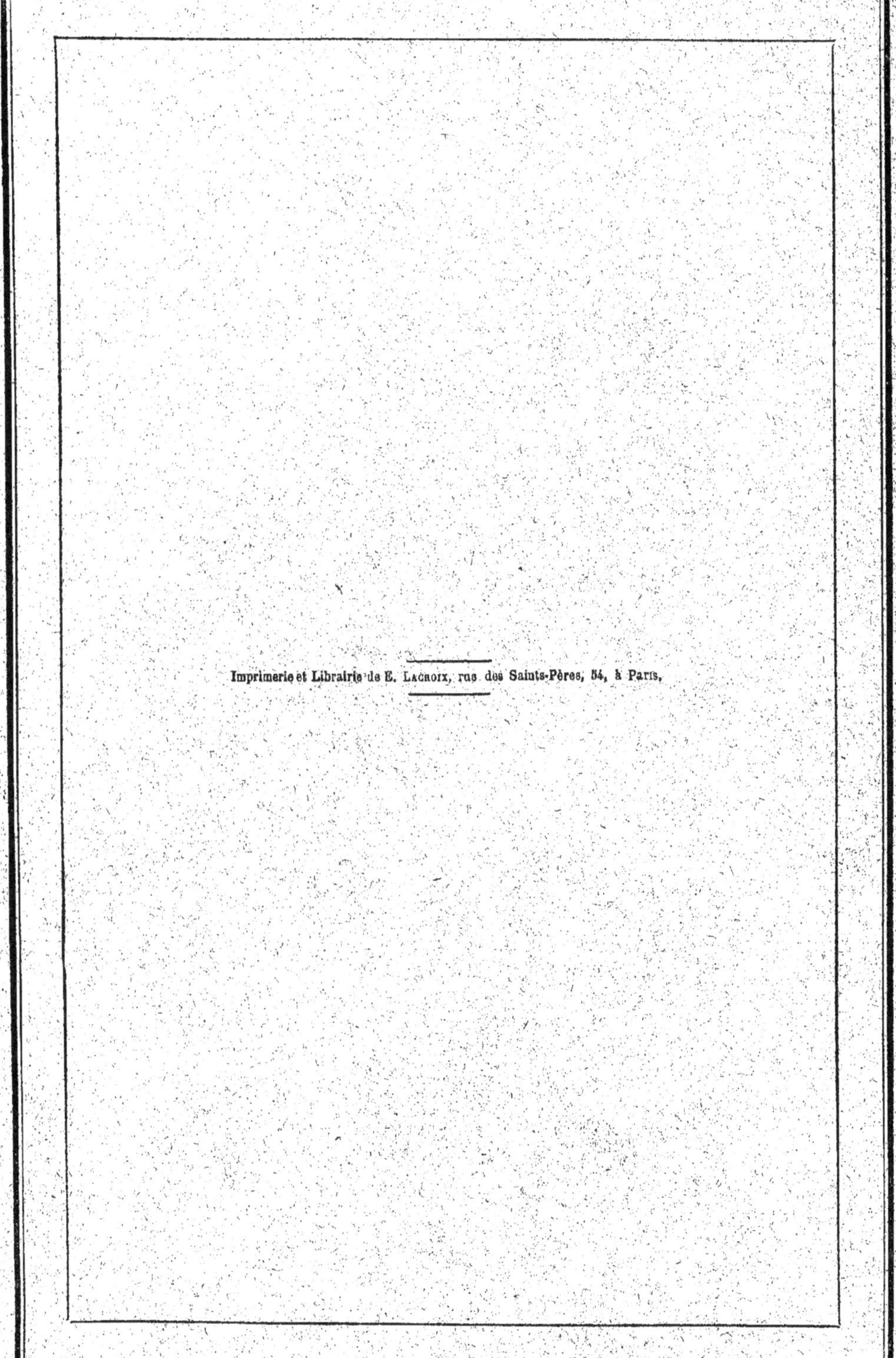

Imprimerie et Librairie de E. Lacroix, rue des Saints-Pères, 54, à Paris.

www.ingramcontent.com/pod-product-compliance
Lightning Source LLC
LaVergne TN
LVHW020510230826
846091LV00008BA/3437

* 9 7 8 2 0 1 1 9 0 2 1 5 3 *